# Nomofobia: cómo superar la adicción al celular y las redes sociales

**Drew Green**

# Créditos

# Tabla de contenido

# Introducción

La experiencia de la globalización y el acceso a los mecanismos digitales de información han permitido que millones de personas puedan mejorar su calidad de vida en relación con la gestión de trámites, los recursos para llevar a cabo sus procesos académicos, las experiencias de comunicación con sus seres queridos si se encuentran en la lejanía y por supuesto, las experiencias de entretenimiento y ocio.

No obstante, con ello ha emergido un fenómeno que ha puesto en alerta a expertos en el mundo digital, autoridades sanitarias, instituciones educativas y familias. Se trata de la nomofobia, un trastorno que desarrolla adicción a los dispositivos móviles como el celular y como consecuencia en las redes sociales y los videojuegos que se encuentran allí.

Todo lo relacionado en torno a este fenómeno ha tenido un fuerte impacto en la salud mental y general de muchas personas y sus familias, además de repercutir de forma negativa en otros aspectos de la vida como el trabajo y el estudio al generar una dependencia al dispositivo, causando distracciones e incapacidad de sostener la concentración, la productividad y el rendimiento en ambientes académicos y laborales.

Este fenómeno pudo descubrirse, entre otras cosas, porque el promedio de minutos que pasaba una persona sin revisar su celular era (y es) entre 25 y 28 minutos. Adicionalmente, una persona que usaba las redes sociales más de dos horas diarias poseía el riesgo de presentar un trastorno que le hacía tener dependencia al dispositivo de manera que sentía angustia y ansiedad cuando no lo traía consigo o no podía usarlo.

Desde lo social, este trastorno, que no ha sido oficializado, ha afectado relaciones e interacciones entre las personas al producirse una distancia y un aislamiento en el contacto físico, además de generar en la persona varios síntomas y efectos secundarios.

Por esta razón, y por los problemas de salud pública que han venido generándose es importante frenar la problemática poniendo en marcha todo un entramado de tratamientos para minimizar las consecuencias y para permitir el mejoramiento en todos los ámbitos de la persona, su familia y su círculo social

Este libro ha sido elaborado con el fin de ofrecer una ruta de superación a todas las personas a quienes ya les ha sido diagnosticado de manera informal este trastorno, a quienes intuyen que están cediendo a la tentación de la adicción y a quienes acompañan a una persona que se encuentra sumergida en este tipo de problemas.

El texto, que se encuentra dividido en cinco capítulos, explicará las generalidades de la nomofobia como sus síntomas, factores de riesgo y consecuencias. Como la nomofobia puede afectar a una persona de cualquier edad, el texto mostrará diversos ejercicios y técnicas para superar y acompañar de la manera más eficaz posible a niños, preadolescentes y adolescentes quienes son los que en mayor medida padecen de nomofobia.

# Capítulo 1: Qué es la nomofobia: aspectos fundamentales

Proveniente de la contracción del término británico "no-mobile- phone-fobia", hace referencia a un trastorno que se desarrolla por causa de la globalización y los avances tecnológicos y se define como un miedo a no estar en contacto con el teléfono móvil. Por otro lado, las fobias son aquellas manifestaciones de los conflictos internos que luego expresamos en algún tipo de miedo o angustia.

Generalmente estos dispositivos se usan para la comunicación, para ver videos, escuchar música, tomar fotos y esto permite que la vida sea más fácil y práctica. No obstante, el uso diario y excesivo de este dispositivo tiene sus consecuencias negativas. Una de ellas es precisamente la nomofobia.

Se ha demostrado que la nomofobia puede causar desarrollo de trastornos mentales o dificultades en el desarrollo de la personalidad. Adicionalmente, se encuentra relacionado con problemas de autoestima en donde se afecta de forma grave la felicidad de las personas, con mayor énfasis en los jóvenes.

Un aspecto importante para tener en cuenta en la nomofobia es que éste también puede presentarse en personas que trabajan desde la virtualidad, o tienen un trabajo el que tienen que encontrarse con disponibilidad 24/7.

Con la nomofobia, también se han encontrado otras enfermedades relacionados con lo tecnológico. Se les denomina como tecnopatías, algunas que pueden ser de carácter neurológico y otras de carácter físico.

Uno de ellos es el FOMO que traduce Fear of Missing Out, que hace referencia a la angustia que presenta una persona cuando se pierde de algo importante en las redes sociales. Otra tecnopatía conocida es la Apnea del WhatsApp que consiste en la acción que realiza una persona al buscar o comprobar de manera compulsiva mensajes nuevos en esta plataforma. Hablaré de ello detenidamente.

## Las tecnopatías

Hacen referencia a todos los comportamientos psicológicos que suelen salirse de la norma y que se encuentran asociados de forma directa al mal uso de los elementos TIC (Tecnologías de Información y comunicación).

En la infancia ocurre en el momento en que los estilos de crianza empiezan a ser permisivos. Aquellos padres que no pueden establecer normas pueden representar un factor de riesgo para que los niños lleguen a padecer de tecnopatía. Una de las características de estos niños es que pueden hacer lo que quieren y cuando lo deseen. De esta manera se encuentran más expuestos a este trastorno. Ocurre con frecuencia cuando, por ejemplo, no existen rutinas en la vida de los niños.

Por esta razón, éstos buscan pasar todo su tiempo divirtiéndose con dispositivos tecnológicos.

Es probable que al principio parezca una actividad inofensiva, pero al tener unos usos excesivos es posible que terminen por afectar al niño. Algunas de sus manifestaciones son la baja tolerancia a la frustración, aislamiento social y las pataletas.

Los efectos negativos de la tecnología en los niños se presentan en diversas áreas. Una de ellas son las habilidades sociales. Si los niños no se relacionan fuera del mundo digital tienen el riesgo de crecer limitados en la interacción social y en la interacción con sus padres.

Cuando el niño tiene apego por la tecnología los padres tienen el riesgo de perder el control en algunos ámbitos de su hijo. Por esta razón, es importante que este trastorno pueda detectarse a tiempo. De no hacerlo, los niños que llegarán a la edad joven o adulta podrán tener una serie de carencias. Un niño que crece con apegos hacia la tecnología podría luego ser un adulto vulnerable.

Además de las señaladas anteriormente, algunas de las tecnopatías existentes son las siguientes:

- FOBO. Hace referencia al Fear of Being Offline, que traducido significa miedo a quedarse fuera, se deriva de la apnea del WhatsApp y de la nomofobia. Se hace evidente cuando la persona presenta mal humor y ansiedad incontrolable al sentirse incapacitada de comunicarse a través de su dispositivo móvil.
- Síndrome de Google. La llegada del acceso a las tecnologías de información y comunicación (TIC) han dejado que nuestra memoria se vuelva obsoleta. En este síndrome la memoria se afecta al tener la costumbre de consultar casi todo en el buscador. Como

resultado, el cerebro no logra recordar y suele olvidar diversos datos como consecuencia de acceder con facilidad y en cualquier momento a esa información.

- Síndrome de la llamada imaginaria. Ocurre cuando el cerebro asocia con el dispositivo móvil cualquier impulso que recibe. Por esa razón, en muchas ocasiones, cuando nos encontramos sometidos a ciertos momentos de estrés, creemos que recibimos llamadas y notificaciones que no se produjeron en la realidad.
- Cibercondria. Consiste en navegar por internet en la búsqueda relacionada con el mejoramiento de la salud, como si internet fuera nuestro médico de cabecera. En este entorno buscamos todo lo relacionado con la enfermedad que padecemos. Esto puede significar un riesgo porque puede existir un diagnóstico errado y porque, además, podemos tener la tentación de automedicarnos.
- Cibermareo. Es la sensación de pérdida del equilibro y la inestabilidad que se produce por pasar largos períodos de tiempo frente a la pantalla. La gran mayoría de las personas no relacionan los síntomas con el uso indebido del smartphone.

- Depresión por Facebook. Es el sentimiento negativo que produce la red social. Suele ser proporcional al tiempo que se pasa en ella. Este tipo de depresión se amplía a otros contenidos ofrecidos por redes sociales como Twitter, Instagram y YouTube. Esto provoca que muchas personas desarrollen la necesidad de estar conectados de forma permanente para no perderse ninguna novedad. Adicionalmente, la fotografía que las redes sociales muestran de sus integrantes, en su mayor parte muestran una imagen estéticamente mucho más agradable y divertida, además que muestran datos y eventos que generan éxito, felicidad y belleza, aunque no siempre sean reales. Por esta razón, es importante racionalizar la información para no caer en el error de pensar que cualquier situación distinta de la propia es mejor.
- Trastorno de identidad disociativo. Afecta a más mujeres que hombres y es una psicopatología que puede estar relacionada con la tecnopatía, al caracterizarse por la existencia de dos o más identidades en una persona. En este trastorno, la persona tiene perturbación de la identidad, deterioro en lo social, lapsus con recurrencia en la memoria, dolores intensos de cabeza, amnesia y

errores en la percepción del tiempo. Finalmente, la persona presenta una seria dificultad en diferenciar cuando algo ocurre en lo virtual y cuando en lo real.

- La infodemia. Hace referencia a una cantidad excesiva información en la que se dificulta que las personas puedan encontrar fuentes confiables u orientación correcta cuando la necesitan. En otras palabras, es el gran aumento del volumen de información que se encuentra relacionada con un tema en específico y que puede volverse exponencial o viral de acuerdo con un período corto de tiempo, incidente o aspecto concreto. En este escenario aparece la desinformación y los rumores, además de que se desarrolla una manipulación de la información con intenciones poco confiables. Este fenómeno es sumamente amplio y difícil de controlar por la presencia de las redes sociales las cuales ayudan a propagarlo más rápido y lejos.

Existen muchas historias falsas que se venden y en donde se hace difícil comprobar su veracidad. La desinformación nace de teorías de conspiración y se introducen algunos elementos de su discurso. En otras palabras, en esta situación existe una mezcla de información que es técnica y científica con datos manipulados, expertos, rumores, información incorrecta y tendenciosa dificultando el procesamiento y el discernimiento por parte de la persona que recibe la información.

Nos encontramos entonces, ante una situación en la que hay un intercambio constante de información, pero no sabemos sí es información confiable, lo que deja en entredicho su calidad.

Para esquivar la infodemia siga los siguientes pasos:

Evalúe la fuente. Pregúntese de dónde procedió la información incluso si fue un familiar.

No se conforme con los titulares. Es probable que estos se encuentren intencionados y provocativos.

Identifique el autor. Busca en el navegador el nombre de autor para que pueda comprobar que sí exista.

Compruebe la fecha. Observe si la información es reciente o pertinente para la situación actual y que no se haya sacado de contexto ninguna parte del cuerpo de información.

Examine las pruebas aportadas. Esto ocurre con frecuencia con los artículos fiables donde hay un respaldo en sus afirmaciones con hechos, citas y fuentes.

Olvide los prejuicios. Pregúntese previamente si tiene prejuicios que puedan ser de influencia en su opinión sobre lo que es creíble o no.

Consulte con diversas instituciones que tengan como función verificar la información. Identifique si tiene acceso a alguna empresa que permita la verificación de los datos en este aspecto.

Tenga presente las diversas presiones. Esto es fundamental pues le permite entender que la información es el resultado de ciertos intereses económicos y políticos.

Busque siempre la verificación de la información a través de la figura de un experto que puede sostener su argumento.

Como dato curioso, los latinoamericanos se han sentido saturados información, pero muchos de ellos se han interesado más por la protección de datos durante su tiempo del trabajo a la casa con lo que se ha generado que muchos de los internautas estén en riesgo de experimentar estafas, y esto es consecuencia clara de la infodemia.

- Los Fake news

Hace referencia a las noticias falsas. Su difusión ha generado incidentes en grupos poblacionales y ha generado que muchas personas terminen con su vida. Este fenómeno es delicado, pues no existe muchas veces la manera de confrontar la noticia falsa con su argumento originalmente verdadero.

Para identificar noticias falsas es importante seguir las siguientes recomendaciones:

Lea la noticia completamente. Y no lo haga solamente con el título: ocasionalmente los títulos vienen viciados con información no muy exacta o sensacionalista.

Escriba el título en un buscador. Si la noticia es falsa es probable que sea identificada por un sitio de verificación de hechos.

Busque los números y los datos citados. Revise el contexto y la fecha de publicación.

Cuando una noticia es muy antigua y se vuelve a mostrar genera desinformación y confusión entre quienes las leen.

Pregunte a quién le envió la noticia de dónde la puedo recibir y si pudo verificarla.

Si le envían imágenes procúrelos en un buscador para saber si existen.

Desconfíe siempre de los audios y las cadenas de WhatsApp.

- La e-ludopatía. La ludopatía ha sido reconocida mundialmente como un problema de salud pública. Hace referencia al trastorno existente de la pérdida de control de los impulsos y los hábitos por causa de la participación en juegos de azar, los cuales pueden llegar a dominar la vida de una persona enferma perjudicando sus valores y sus obligaciones. La e-ludopatía se encuentra motivada por la facilidad con las que el acceso a internet ofrece tipologías diversas de juegos de azar.

En estos entornos la conducta adictiva en la práctica de estos juegos ha generado una preocupación en diversos aspectos, el anonimato y la comodidad en el juego ha generado que se incremente el número de e-ludópatas y que se amplíe además a público como niños, adolescentes y mujeres.

Las personas que presentan este problema experimentan placer al realizar apuestas o al participar en juegos sin importar el resultado que se obtenga. Manifiestan una preocupación de carácter crónico y creciente por jugar, de la misma manera que desean obtener los recursos necesarios para lograrlo. Las características de esta adicción son la persistencia y la urgencia además de la intensidad creciente con que el comportamiento adictivo compromete a la persona.

Después de observar este tipo de tecnopatías es fundamental reflexionar sobre la conexión sin cuidado que a veces hay en internet: las personas pueden padecer problemas personales de los que hablaré más adelante, pero que tienen una fuerte repercusión en el organismo.

Por esa razón es importante educar a los niños, adolescentes, jóvenes y adultos en la cultura de la salud digital, que no solo implica que sepan navegar en ese entorno para no caer en burlas sociales, si no que procura que el desenvolvimiento en esos espacios sea lo más saludable posible y en donde puedan encontrar fácilmente la salida si presentan algún problema que les ponga en riesgo su integridad física y emocional.

Por otro lado, es fundamental que la información que tenga un carácter de poca exactitud y que sea de rápida propagación sea considerada como un riesgo para la salud pública. En este sentido, es fundamental que usted se abstenga de divulgar rumores y trate de atender en su lugar, la opinión de una persona experta. Eso evita que haya sobreabundancia de información sin verificar y que haya un riesgo mayor para usted y para otros en relación con esa información. Eso es necesario hacerlo porque una información falsa puede obstaculizar que las respuestas sean efectivas y crea confusión y desconfianza en las personas respecto a lo que realmente necesitan saber.

## ¿Cómo nos damos cuenta de que sufrimos de tecnopatía?

Un criterio para evaluar si el comportamiento es compulsivo y adictivo es con el uso excluyente y progresivo de otras actividades que causan daño físico mental emocional y social. Con el dispositivo móvil, por ejemplo, podemos presentar excesivos comportamientos como la dedicación extrema a su uso y el tener emociones extremas cómo malhumor o irritabilidad.

A continuación, dejo algunos ejemplos que nos permiten diferenciar si nos encontramos en una conducta adictiva o no:

- En lugar de ver un reportaje en YouTube, leer un artículo en un blog o hacer un curso virtual, nos encontramos con que solemos entrar y salir de forma indefinida de una red social por temor de perdernos algo.
- En lugar de dedicar tiempo a la lectura a través de papel o de ebook, nos disponemos a leer titulares de forma rápida, anuncios o mensajes urgentes sin detenernos.

- Elegimos enviar y recibir textos abreviados o comemos sin medida en un espacio de soledad en lugar de hablar con nuestros amigos en forma virtual compartiendo un evento especial.

Como en todo aspecto, es fundamental buscar un equilibrio con la tecnología para poder diferenciar la conectividad importante como la que implica realizar algún trabajo o llamadas a amigos y familiares al de un uso excesivo y no controlado.

## ¿Quiénes pueden sufrir nomofobia?

Este trastorno puede darse en cualquier persona, hay rasgos comunes en las personas que se vuelven potencialmente adictas. Estos rasgos son:

- Suelen tener un rasgo de impulsividad alto
- Se dejan influenciar por las campañas de publicidad
- Consideran la posición de un smartphone como símbolo de estatus
- Presentan ansiedad social
- Tiene autoestima baja y recurren al smartphone para intentar bajar los niveles de ansiedad

# Capítulo 2: Síntomas y causas de la nomofobia

Aunque este trastorno no se considera aún como un trastorno del comportamiento o como una patología, si es una consecuencia de una adicción y genera fuertes niveles de aislamiento al hacer que la relación con el exterior se realice a través de las redes sociales y aplicaciones de comunicación como el WhatsApp.

En este sentido, experiencias como la búsqueda de pareja se puede lograr por internet y de la misma manera se puede lograr una ruptura. Al cortarse el hilo conductor de esta nueva forma de elaborar relaciones sociales surgen una serie de síntomas que lentamente van profundizando la adicción.

Los principales síntomas de las personas que pueden estar padeciendo nomofobia son las siguientes:

## Con el dispositivo

- Disminuyen su concentración y tiempo en las actividades como el estudio, el trabajo y el encuentro social. Este último síntoma tiene un subsíntoma llamado "phubbing" que consiste en la incapacidad de dejar de usar el celular mientras hay una conversación presencial. Afecta de forma considerable las relaciones en pareja.

- Suelen tener dos dispositivos o más y siempre llevan un cargador consigo.
- Se sienten ansiosos y nerviosos con la idea de que puedan perder el dispositivo, no tenerlo disponible con frecuencia, no poder usarlo por no tener conexión o la batería se encuentra descargada.
- Usan continuamente el dispositivo en lugares donde está prohibido su uso o donde pueden comprometer su vida como, por ejemplo, al conducir un auto. En este sentido, la persona también puede evitar este tipo de escenarios solo para tener su dispositivo consigo.
- Miran de forma continua la pantalla del teléfono para saber si han recibido mensajes o llamadas.
- Mantienen el dispositivo encendido las 24 horas del día y duermen con él en la cama.
- Al intuir que se están volviendo adictos, intentan de forma continua reducir o parar el uso del dispositivo.
- Tienen deudas o gastos grandes por el uso del dispositivo.

# Con las redes sociales

- Sienten la prioridad de ver cualquier notificación de su celular desde mensajes de WhatsApp o Telegram hasta las notificaciones de likes y comentarios en redes sociales.
- Se encuentran pendiente de redes sociales, aunque sientan cansancio o sueño. Sus conversaciones pueden durar hasta altas horas de la madrugada.
- Sienten angustia al no tener cobertura 24/7. Lo cierto en este aspecto, es que existen lugares que definitivamente no cuentan con una cobertura. Algunas personas que tienen nomofobia procuran no frecuentar este tipo de lugares.
- Duermen menos de 5 horas al estar conectado en redes sociales.
- Suelen mentir al expresar el tiempo real en el que se encuentran conectados.
- Realizan publicaciones durante todo el día.

## Otros síntomas

## Palpitaciones

Las palpitaciones cardíacas son producidas generalmente por un ritmo cardíaco anormal que son generadas por enfermedades, sin embargo, también pueden derivarse de momentos de estrés y ansiedad. Estas dos últimas hacen parte de los síntomas principales de la nomofobia. Ejercicios como el yoga pueden ayudar a disminuir la sensación de estrés y, en consecuencia, de las palpitaciones.

## Sensación de ahogo

Por lo general, estas sensaciones se producen por enfermedades respiratorias, pero pueden encontrarse en momentos de angustia y estrés. En el caso de los dispositivos móviles y las redes sociales, la persona que los usa en exceso puede sentir que al faltarle el dispositivo o no responder las preguntas, está faltando con su deber. La ansiedad que esto le produce, de nuevo, hace parte de los grandes síntomas que produce la nomofobia. Una forma de solucionar esto es a través de la constante práctica del ejercicio físico.

## Angustia y desesperación

Estas sensaciones suelen ser similares a las que se generan cuando se pierde algo y es imposible recuperarlo. Este es un síntoma que con toda probabilidad podrá sentir una persona que decide voluntariamente dejar su dispositivo en casa. La abstinencia momentánea de su uso, le causará angustia y desesperación. Siendo estas actitudes normales, lo que se recomienda es que se identifique esta sensación, pero se siga el curso normal del ejercicio de dejar el dispositivo en casa. Con la práctica, esta sensación desaparecerá.

## Irritabilidad

La irritabilidad es un estado emocional que tienen con frecuencia las personas que tienen un temperamento explosivo o que se molestan con facilidad. Los celulares y las redes sociales se han convertido para muchas personas en objetos y experiencias de mucho valor. Cuando no pueden hacer uso de ellos pueden sentir la misma sensación que existe cuando se roba un objeto. Una persona puede, con terapia, tratar de identificar sus estados de irritabilidad para encontrar actividades que le permitan el control de su temperamento explosivo. Por otro lado, debe iniciar y continuar con las actividades de confrontación de sus emociones al procurar dejar el dispositivo en un lugar donde no tenga suficiente acceso.

## Alteración del sueño

Estas alteraciones suelen tener una estrecha relación con factores como la concentración al navegar por las redes sociales y los videojuegos, el tiempo que se dispone en las horas de madrugada para hacerlo y la luz de la pantalla que genera efectos de forma directa en los ojos. Dentro de las alteraciones del sueño, la que suele ser más frecuente en este caso es el insomnio.

## Malas relaciones interpersonales

Las malas relaciones interpersonales por el uso desmedido de los dispositivos afectan la continuidad de las buenas relaciones que puedan existir en el hogar y en el momento de buscar y sostener las experiencias en pareja. En este aspecto, es fundamental que la persona entienda los límites y las posibilidades de relacionamiento que pueden surgir, porque evidentemente existen historias positivas de parejas que se han relacionado desde la distancia y luego han podido compensar en la presencialidad. Por otro lado, la comunicación a distancia con la familia cuando se está en otro país o en territorios muy lejanos es fundamental y enriquece la relación. No obstante, la persona debe comprender que solo en estos casos es justificable el uso de los dispositivos, pero no su uso exagerado.

# Alteraciones respiratorias

Las alteraciones respiratorias surgen por diversas enfermedades como el EPOC o el Asma. No obstante, tanto la ansiedad, la angustia y la irritabilidad generan cambios en el momento de respirar que pueden ser molestos o que incluso puedan ser crónicos en la persona si no logra rutinas que le permitan volver a una consciencia respiratoria sana.

# Falta de atención a lo que ocurre a tu alrededor

Este síntoma, como lo iré mostrando más adelante, puede generar efectos nocivos en las personas, en las que incluso pueden poner su vida y la vida de otras personas en peligro. Este aspecto requiere de terapia de forma urgente ya que puede estar ocasionando que la persona esté perdiendo el control de su vida.

# Causas de la nomofobia

Dentro de las causas por las cuales se puede producir la nomofobia se encuentran las siguientes:

- Problemas de autoestima y de relación. Este problema se presenta por la inseguridad personal y el miedo a sentir soledad.
- Idea de perfeccionismo. Se trata de la persona que tiene siempre la necesidad de hacerlo todo sin ningún fallo. De esta manera, su vida circula alrededor de procurar la satisfacción de los otros. Al no tener la posibilidad de estar conectado para satisfacer esas necesidades siente que ha fallado o se siente incompleto.
- La fidelización de aplicaciones. Estas se encuentran diseñadas para fidelizar y retener a un usuario, lo que permite que quien las usa se vuelva dependiente de ellas.
- Falta de habilidades sociales. Este rasgo es común en las personas que padecen nomofobia, porque les facilita aislarse en el momento en que lo quieran y no tienen que interactuar cara a cara con otra persona.
- La búsqueda de refugio en el celular tras vivir acontecimientos traumáticos. Una mudanza, la muerte de un ser querido, un divorcio o momentos de acoso escolar pueden influir en el malestar y en la tristeza que la otra persona puede tener. Esta situación se ve con frecuencia en los jóvenes.
- Una causa reciente de nomofobia ha sido el aislamiento social que ha ocasionado el pro-

blema de salud pública que generó (y sigue generando) la pandemia del Covid-19. Muchas personas se volcaron masivamente al uso del internet con sus dispositivos de interacción y ha generado un aumento de personas que padecen de nomofobia alrededor del mundo.

# Capítulo 3: Factores de riesgo y consecuencias de la nomofobia
## Factores de riesgo

Existen diversos factores de riesgo para la salud, los cuales en su mayoría afectan a la población infantil, a los que se encuentran iniciando su preadolescencia y a los adolescentes. Hay una vulnerabilidad mayor en algunos niños y adultos cuyos rasgos de personalidad están relacionados con la introversión o con los comportamientos airados y explosivos.

Desde la adolescencia los chicos buscan sensaciones nuevas además de que son personas cuyo contacto con el internet es más directo y cercano que la de sus antecesores. Eso los hace frágiles a cualquier tipo de padecimiento de carácter psicológico que pueden afectar su autoestima y sus interacciones sociales.

Los trastornos emocionales son otros factores de riesgo ya que no hay un uso desapegado de redes sociales respecto a las habilidades sociales. Esto hace que tiendan a deteriorarse o no logren desarrollarse de la manera adecuada. De esta manera, los niños, preadolescentes y adolescentes se refugian en los problemas que luego intentan obviar, matizar o ignorar al tener contacto con el mundo digital.

Otro factor de riesgo es el ciberbullying el cual se presenta de manera muy frecuente y es en las redes sociales donde las personas que comenten ciberbullying tienen herramientas para hacerlo sin ningún tipo de problema o seguimiento.

Muchas veces, esta problemática nace en entornos escolares, los cuales ya han tenido un contacto con el mundo digital. Esto genera que muchos niños tengan aversión al mismo y que en consecuencia se desarrolle un problema de rendimiento y de productividad en el entorno académico.

# Consecuencias

Dentro de las consecuencias que se derivan de la práctica desmedida del uso de smartphone y redes sociales se encuentran las siguientes:

## Perjudica las relaciones personales

Las relaciones de pareja se ven con frecuencia afectas por el uso constante del smartphone, aunque podría también facilitarlas. Mantener una relación a través de las pantallas de los dispositivos móviles genera a la larga diversos problemas cuando se confronta la relación en la presencialidad o cara a cara. En este sentido, las personas con un carácter inseguro se sienten beneficiadas de esta modalidad de encuentro, ya que se sienten protegidas por un teclado y pueden expresar más cosas en el escenario virtual. Cuando llega el momento de afrontar la presencialidad, la persona insegura no cuenta con las herramientas necesarias para superar las situaciones que de allí se derivan.

## Provoca estrés y ansiedad

La ansiedad es una de las problemáticas más recurrentes en la persona nomofóbica. Para ella, el uso del Smartphone se le convierte en una acción mecánica. Al no poder llevar a cabo esta acción le produce fuertes momentos de estrés.

## Causa problemas de sueño

Una persona nomofóbica presenta problemas para apagar el celular por la noche, con lo que sus horas de sueño se ven constantemente interrumpidas, generándole una fuerte sensación de ansiedad. De esta manera, el insomnio se convierte en una de las consecuencias más frecuentes.

## Le distrae y desenfoca

Tener el smartphone consigo y además en conexión con las redes sociales distrae de las metas cotidianas que existen, en especial en relación con lo académico y lo laboral. Existirá el riesgo, que podría volverse costumbre, de entregar los informes y tareas con retrasos y los exámenes se pueden reprobar.

También es probable que la persona empiece a olvidar fechas especiales e incluso olvidar objetos importantes o de valor en cualquier lugar.

## Genera problemas físicos

El miedo a no tener consigo el dispositivo móvil va generando problemas en el cuerpo como empeorar los hábitos alimenticios y disminuye el tiempo de descanso.

Por otro lado, se puede desarrollar el síndrome del túnel carpiano, al realizar una presión excesiva en el nervio mediano de la muñeca, la cual permite la sensibilidad y otros movimientos relacionados con la mano. Otras enfermedades que se derivan de esta práctica son las siguientes:

- Tenosinovitis. Esta se encuentra relacionada con el uso de la mano y los pulgares durante las conversaciones por chat. Esta inflamación se presenta luego de la tendinitis y podría llegar a ser crónico.
- Tendinitis. Hace referencia a la inflamación de los tendones que permiten el movimiento del pulgar. Se produce porque no hay punto de apoyo. Causa un dolor intenso a lo largo de los dedos y puede llegar a ser incapacitante.
- Artrosis del pulgar. Consiste en la degeneración de la articulación donde se encuentran los huesos denominados trapecio y metacarpiano del pulgar. Allí se genera una inflamación y una deformación de los pulgares. Puede producir incapacidad permanente.
- Mioespasmo cervical y escapulario. Hace referencia al dolor que se ubica en el cuello y en la parte alta de los brazos. Se produce por la tensión que se genera al flexionar la cabeza, al tener una inmovilidad de los hombros y al realizar una flexión de los codos por un tiempo largo. El síntoma provoca alteraciones de la postura que pueden luego generar afecciones en el organismo.
- Síndrome de la vibración fantasma. Se trata de una percepción en la que la vibración del

smartphone se está experimentando en cualquier lugar del cuerpo. Puede suceder que se tenga la sensación de que se activa en cualquier momento cuando ni siquiera el dispositivo este cerca. Esto ocurre porque los receptores de la piel se vuelven hipersensibles al estímulo frecuente de la vibración.

- Bursitis. En la bursitis, hay una hinchazón alrededor de los músculos y los huesos. Con mayor frecuencia se presentan en hombros, codos, caderas, muñecas, rodillas y tobillos.
- Para ampliar el término, la bursa consiste en un pequeño saco de líquido que actúa como amortiguador entre un hueso y otras partes del cuerpo como los músculos los tendones o la piel. Estás bolsas se encuentran ubicadas en todo el cuerpo. La bursitis es una inflamación de la bursa.
- Daños en la audición. Si usted escucha música con audífonos y estos se encuentran a todo volumen puede arriesgarse a sufrir problemas de audición. El más severo es el de la hipoacusia. Puede tener también problemas de equilibrio y puede derivarse en náuseas y vómitos.
- Problemas mentales. Cuando la tecnología se usa en exceso hay consecuencias fuertes para la salud: se pueden presentar proble-

mas mentales como la depresión, la ansiedad, el aislamiento social, la pérdida de placer y el disfrute de actividades cotidianas.

- Daños irreparables en el sistema nervioso. Al abusar del uso del smartphone es posible que haya daños irreversibles en el sistema nervioso central. Pueden ocurrir porque los campos electromagnéticos que se emiten generan enfermedades como el vértigo, los trastornos del sueño, la fatiga, la pérdida de memoria y un probable desarrollo de tumores cerebrales.
- Enfermedades oculares. Al permanecer muchas horas mirando la pantalla de un computador o de un celular es posible que haya problemas en los ojos. Los problemas más comunes son la resequedad y la tensión ocular. Se recomienda realizar pausas y actividades que relajen los ojos.
- La postura del portátil. Ocurre por culpa de la mala posición al sentarse cuando se pasa mucho tiempo frente al portátil. Puede llegar a provocar lesiones en la espalda baja que pueden ser tanto musculares como óseos.
- Obesidad. Con relación a la nomofobia, la obesidad se asocia al uso exagerado de videojuegos, aunque los mismos proporcionen ventajas como el aumento de habilidades

psicomotrices y de reflejos, estimulen el razonamiento y la capacidad de decisión. El efecto principal es que genera en la persona una evitación a la realización de actividad física al sentirse interesado constantemente en el juego. Al encontrarse muchas horas en la pantalla y al tener una mala alimentación tiene como consecuencia padecer obesidad y el riesgo a futuro de tener alguna enfermedad cardiovascular.

* Cáncer. El smartphone emite frecuencias bajas que son inofensivas, no obstante, hay estudios científicos que demuestran que es posible que se produzcan cambios eléctricos en las membranas de las células del cuerpo. Esto podría traer efectos biológicos fuertes y originar disfunciones relacionadas con el sueño, la atención, la memoria, las variaciones en el ritmo cardíaco y la visión. En este sentido, es importante decir que la dependencia a estos estímulos y el poco control que hay sobre ellos pueden generar este tipo de riesgos.

## Afecta la concentración

La adicción al celular y a las redes sociales puede convertirse en un asunto peligroso si se está fijando su atención en el momento de conducir.

Desde esta perspectiva se han reportado acciden-
tes porque la persona se encontraba realizando
alguna actividad y no prestaba atención al camino
que tenía por delante. Por la misma acción se han
reportado caídas al subir o bajar escaleras, acci-
dentes de tránsito menores y tropiezos al cami-
nar.

## Le hace perder tiempo

Por el uso de celulares, las personas tienden a llegar tarde a sus trabajos, o deben quedarse más
tiempo resolviendo situaciones que se pudieron
haber destinado en el tiempo en el que se estaba
ocupando en el celular.

## Otros efectos en el uso inadecuado del Smartphone

Aunque el uso descontrolado de los dispositivos
digitales y las redes sociales generan efectos negativos también existen otros efectos que son in-
deseados de los que muchas veces es posible no
ser consciente. De forma puntual, los dispositivos móviles integran con frecuencia aplicaciones
que contienen información confidencial como cre-
denciales personales o datos bancarios. Ante esa
enorme cantidad de información sensible es im-

portante ofrecer conciencia los usuarios para que protejan sus dispositivos y garantizar de esta manera sus datos. Existen una serie de consejos para lograr la protección de su dispositivo sin perder de vista que el propósito es que usted pueda superar la adicción sin tener que exponer la seguridad de su dispositivo móvil.

Si usted está acompañando el proceso de una persona nomofóbica también puede realizar el seguimiento de estos consejos, en especial si son niños, preadolescentes o adolescentes que se encuentren involucrados:

- Procure mantener el software de su dispositivo actualizado. Por lo general, el smartphone necesita actualizaciones rutinarias que incluyen elementos de seguridad que se encuentran diseñados para proteger a las personas de los ciberdelincuentes.
- Elabore contraseñas complejas y seguras. No haga uso de contraseñas con fechas de cumpleaños o nombres de personas que sean importantes para usted. La contraseña debe ser lo más compleja posible. Como opción, puede buscar herramientas de gestión de contraseñas. Esto le puede ayudar a diseñar y almacenar claves que sean más se-

guras y que permiten además la autentificación en todos los dispositivos y cuentas propias.

- Tenga cuidado en qué páginas está ingresando o navegando. Compruebe constantemente que el sitio al que accedió es seguro. Puede hacerlo verificando que la dirección web empiece por https://. Esto indicará que el sitio está protegido.
- Evite realizar operaciones relacionados con trámites bancarios o compras online a través de redes wifi-gratuitas. Este escenario se convierte en objetivo fácil para que los ciberdelincuentes ingresen a sus datos personales para robarlos.
- Instale aplicaciones desarrolladas por fuentes de confianza. Es recomendable acudir a tiendas oficiales y no descargar las aplicaciones de una web externa ya que puede descargar malware. Adicionalmente, es importante leer la política de privacidad de estas aplicaciones para conocer qué información se autoriza y si esos datos irán a bases de datos de terceras personas.
- Realice copias de seguridad periódicamente. De esta manera, la información que usted necesita de primera mano estará a salvo.
- Instale un antivirus. Hay aplicaciones de seguridad que logran detectar amenazas nue-

vas y las que ya están existentes en el dispositivo móvil.

# Capítulo 4: Recomendaciones para superar la nomofobia

Aunque la nomofobia no se encuentra nominada como trastorno de manera oficial por las entidades relacionadas con la psicología, si se trata de un fenómeno que ha surgido con la democratización del acceso al mundo digital. Con toda probabilidad, será un aspecto de la salud pública al que habrá que realizarle seguimiento por las problemáticas de salud mental y de integridad física a los que pueden estar expuestos todos aquellos que tengan una relación de profunda dependencia.

En este orden de ideas, es posible decir que sí es posible superar la nomofobia, con todas las dificultades que esto pueda implicar, pues la misma era de la globalización de alguna manera ha dispuesto en el uso de los dispositivos digitales y al uso de redes sociales un nivel de necesidad de la que es complejo desprenderse.

No obstante, las personas que presenten este tipo de situaciones pueden tomar tratamientos terapéuticos y pueden además seguir recomendaciones de actividades que pueden ayudar a la disminución del uso de estos dispositivos, sin generar daño en sus principales actividades.

A continuación, dejo algunas recomendaciones tanto frente al tratamiento terapéutico como a ejercicios básicos que pueden hacer más efectivo el proceso.

## Tratamiento

Uno de los métodos más utilizados para tratar la adicción al internet y las nuevas tecnologías se encuentra la psicoterapia cognitivo-conductual, la cual se trata de una terapia corta que incluye sesiones con objetivos específicos y estructurados donde la persona y el terapeuta tienen papeles activos y conscientes.

Dentro de los objetivos se encuentra el de ubicar el enfoque que logre reducir el tiempo que se dedica la persona al dispositivo móvil y a las redes sociales, el mejoramiento de los síntomas de distracción y los problemas de interacción social relacionados con el contacto físico. En el trabajo terapéutico se buscan otras estrategias de distracción, se busca mejorar las relaciones interpersonales y se buscan otras actividades que sustituyan el tiempo dedicado al celular y a las redes sociales, como por ejemplo hacer deporte.

Para lograr estos objetivos, deben trabajarse las interpretaciones catastróficas de los eventos que pueden ocurrirle a la persona si su dispositivo o sus redes sociales no son usados por un tiempo prolongado. Es necesario también centrarse en los miedos que pueda tener y las conductas de evitación que surgen de los mismos. La técnica del uso de un diario para escribir es fundamental para que las personas registren los datos sobre el uso frecuente que tiene del dispositivo y de las redes sociales.

Con esta terapia es posible aumentar la capacidad de la concentración de la persona en lo relacionado con sus conductas al hacerle consciente de cuánto tiempo se encuentra dedicando al uso de las redes sociales y qué actividades está dejando de disfrutar por la necesidad de estar conectado.

Existen diversos tipos de tratamiento, no obstante, la adicción que presenta la nomofobia es similar a la que presenta la adicción a las bebidas alcohólicas. En este sentido, poseen algunas características similares en el momento de proveer alivio emocional a la persona que es adicta a los celulares y las redes sociales.

Como en todo tratamiento terapéutico, es imprescindible estar atentos a las posibles recaídas para evitarlas o tener un control sobre ellas. Esto, sin perder de vista las situaciones de riesgo que pueden suceder en ellas. En este caso, se hace esencial tomar medidas de afrontamiento, de forma que la persona pueda adquirir su capacidad de autocontrol. El círculo cercano de la persona nomofóbica también debe estar alerta ante cualquier recaída que se pueda presentar para realizar un acompañamiento más eficaz desde lo preventivo.

Finalmente, es importante aportar sobre los beneficios de la abstinencia, como método eficaz en el tratamiento de adicciones como la e-ludopatía, la cual tiene una estrecha relación con los dispositivos digitales. El objetivo terapéutico último debe enfocarse en reaprendizaje del control de la conducta.

A continuación, dejo algunas actividades que pueden realizar las personas que quieren disminuir su sensación de adicción en estos aspectos.

- Priorice las interacciones físicas. No se preocupe si un comentario que alguien realizó en WhatsApp o en redes sociales se quede sin recibir su respuesta. Con seguridad, podrá encontrar el momento indicado para hacerlo. Si usted siente la fuerte necesidad de responder, realice en semana una lista de personas con las cuales usted debe tener una comunicación constante. Las primeras personas que debe priorizar son: aquellas con las cuales trabaja, la pareja y la familia nuclear. Al realizar esta identificación consciente, usted podrá determinar si una persona podrá recibir su respuesta al terminar el día o incluso si puede tomarse más días en responder.

- Respete su sueño y limite el uso del celular en el momento de estar en la cama. Al igual que la recomendación anterior, todo lo que se encuentre pendiente puede esperar hasta el otro día. Al hacer esto, su cerebro y cuerpo están enviando información positiva sobre los espacios que deben ser respetados para que el uso de otros dispositivos disminuya.

- Procure contar con el acompañamiento de sus padres y busque un círculo de amigos que también puedan acompañarlo en el proceso. Ambos grupos de personas, al vigilar, controlar y tomar medidas pueden ayudar a disminuir los síntomas de esta adicción. En este sentido, es fundamental que usted establezca acuerdos y reglas con ellos que le ayuden a llevar a cabo la meta sin ser invasivos con usted.

* En el momento de acostarse apague su celular. Analice, si en términos de trabajo su disponibilidad es 24/7. De no serlo, procure apagar su celular. Como en otra de las recomendaciones, esto hará que su cerebro y cuerpo entiendan que el momento de dormir no debe tener distracciones.

  En este método existen excepciones, como el hecho de que usted use su dispositivo móvil como alarma. En ese caso, procure desconectar sus datos y redes wifi y solo disponga de él para despertarse en el momento en que lo requiera.

* Apague también su celular cuando se encuentre en medio de experiencias sexuales. Para la persona que comparte con usted puede ser molesto y desalentador, que en medio de la experiencia usted conteste llamadas o responda mensajes.

* Ponga la pantalla de su móvil en paleta de grises para que el cerebro procese la información de los colores de manera distinta del que lo haría con una gama de colores vivos

y variados. De esta manera, el cerebro empieza a buscar concentrarse en lo que realmente es primordial durante su uso. Adicionalmente, los ojos descansan mucho mejor al observar este tipo de colores en la pantalla.

- Compre un ratón ergonómico. Si se encuentra en su pc y consigue esta herramienta evitará afecciones en muñecas y antebrazo al no tensionar ningún nervio o músculo.

- Tenga una mascota. Las mascotas son una fuente de responsabilidad, tanto para niños como para adultos. En el caso concreto de los niños, cuando éstos crecen con responsabilidades a su cargo aprenden fácilmente entender que no todo puede ser diversión. De esta manera, las mascotas son una buena opción para permitir que ellos diversifiquen el tiempo. Es importante hacerles entender que los animales requieren de afecto y cuidados.

## Realice ejercicio físico

Practicar deporte aporta beneficios físicos y mentales para las personas. Para esto, es importante estar motivados para lograr iniciarse en esta práctica. No es bueno forzar las actividades que no se pueden disfrutar. Lo importante, es entender que el mismo trastorno puede producir enfermedades físicas y que a través del contacto con el ejercicio físico es posible combatirlas o superarlas.

## Deje su teléfono en otra habitación

Esta recomendación puede hacerse pactando con la familia o consigo mismo el uso de ciertos espacios donde se limite o prohíba temporalmente el uso del celular. Estos espacios pueden darse en el momento de compartir en comidas sociales o celebraciones. También puede usarse este método para el momento de dormir.

## Elimina aplicaciones innecesarias

Además de hacerlo, hay recomendaciones de uso de aplicaciones para smartphone y navegador que le permiten registrar un uso de tiempo adecuado para determinadas acciones donde permiten el cierre de las aplicaciones o del navegador cuando el tiempo de uso ha excedido. No obstante, se recomienda ser consciente de que no es bueno depender nuevamente de aplicaciones para las rutinas, si no aplicar un verdadero cambio desde sí mismo. Y este debe estar supervisado por un profesional.

Entre las aplicaciones que puede usar para regular el uso de dispositivo se encuentran las siguientes:

- Icounselor Anxiety. Está diseñado para ayudar a controlar la ansiedad. La app dispone de actividades relajantes donde además pueden recibir sugerencias paso a paso. Al finalizar la experiencia se le pregunta al usuario como califica su estado de ansiedad. La aplicación muestra los cambios de puntaje tanto al iniciar como al finalizar la experiencia y redirige a la actividad de ser necesario.
- Marinara Pomodoro. Este es un asistente de administración de tiempo que permite descansos breves o largos de manera progresiva y según la necesidad. Posee un temporizador donde es posible realizar trabajos sin desconcentrase por un tiempo específico, para luego como premio, tomar un descanso y hacer uso del internet, también, de forma específica.
- Quality time. Esta app, permite la supervisión sobre el tiempo que usted pasa en su celular a través de una línea del tiempo. Crea alertas de uso de dispositivo si usted se encuentra haciendo un uso excesivo del mismo. La app, genera un informe de uso

diario y semanal del tiempo que usted dedica a otras aplicaciones y la cantidad de veces a las que accedió.

- Freedom app. Esta app se encuentra diseñada y pensada desde la idea de que la fuerza de voluntad es finita y necesita recursos que pueda ser aprovechada de la mejor manera. Por esta razón, sus funciones se orientan a la eliminación de las distracciones para que sea posible concentrarse en una sola tarea, que se rompan los malos hábitos y que la productividad aumente. El tipo de público objetivo de esta app son los escritores, los desarrolladores de software, los investigadores, los estudiantes, los editores, los ejecutivos y los comercializadores. Una de las funciones novedosas de la app es que contiene sonidos de ruido ambiental, como en un café, una biblioteca o un restaurante, de esta manera la concentración puede aumentar.
- Forest app. Es una app sencilla, donde puede elegir un árbol y marcar un objetivo de tiempo durante el cual debe dejar de usar el móvil. Al hacerlo, el árbol podrá crecer. Si cede a la tentación el árbol morirá.

## Realice pequeñas salidas sin teléfono

Realice un corto paseo en torno a su casa, observando lo que encuentra en el entorno sin hacer uso del celular y las redes sociales. Puede hacer este ejercicio diariamente entre 10 y 15 minutos. De esta manera estará disminuyendo la sensación de ansiedad sobre su uso.

## Disminuya progresivamente el tiempo de uso del celular

Puede empezar desprendiéndose voluntariamente del teléfono móvil durante ciertos espacios de tiempo, dejando los mensajes o llamadas pendientes para responderlos en otro momento.

## Fomente el hábito de la lectura

Esto ayuda a estimular los procesos cognitivos tanto de niños como de adolescentes y adultos. Si usted es padre, procure leer en compañía de su hijo para luego establecerlo como una rutina diaria. Tener el hábito de la lectura ayudará a disminuir las situaciones de ansiedad que puede generar la ausencia del smartphone.

## Limite sus horarios

Este consejo es difícil de cumplir, puesto que existe un problema de adicción que no mide tiempos.

Con la sugerencia de algunas aplicaciones para condicionar los tiempos, también es posible emplear una agenda donde anote que tiempo necesita para cada cosa. De esta manera, logrará tener un panorama, además del tiempo que emplea en el mundo digital, de la cantidad de tiempo que puede necesitar para que otras actividades tengan su espacio definido en su vida personal. Es probable que al principio ignore la idea de seguir las actividades de la agenda programada, pero en cuanto se permita cumplir con al menos una de las actividades, podrá ir cumpliendo con las que siguen.

## Olvide voluntariamente su cargador de vez en cuando

De forma voluntaria, permítase que el celular se descargue, para que realice el ejercicio de abstenerte de su uso por varias horas.

## Silencie las notificaciones

Silenciar las notificaciones es un acto simbólico de control sobre el problema que está presentando. Al hacerlo, le está enviando un mensaje al cerebro donde le dice a qué le debe prestar atención. Este ejercicio también le dará un descanso auditivo al cuerpo y en mayor medida si las aplicaciones que usa tienen diversos sonidos de notificaciones.

## Evite llevarlo al baño

De la misma manera que la cama, el baño también es un espacio exclusivo para la limpieza del cuerpo. Muchas veces, el baño es usado para espacios de relajación que merecen también un tiempo exclusivo y dedicado.

Como en todo, también existen excepciones y el dispositivo puede usarse de manera adecuada. Puede, por ejemplo, usarlo para poner música mientras toma un baño relajante y consciente.

# Recomendaciones para controlar el uso de internet y redes sociales de los niños y adolescentes:

Los dispositivos tecnológicos deben ser adecuados al nivel de desarrollo del niño y adolescente y a sus dificultades de aprendizaje

En la era de la globalización los niños prefieren jugar con smartphone o una computadora que con juguetes.

Por esta razón, es importante buscar estos dispositivos que sean diseñados para niños y que tengan funciones aprendizaje que les permita avanzar en su desarrollo académico. Existen plataformas donde es posible controlar de forma virtual el dispositivo donde se bloquee en aplicaciones o páginas en las que ellos no deben ingresar. De esta manera, el niño puede concentrar su energía y pensamiento en las tareas que debe realizar.

Adicional a esto la creatividad es importante en el momento de permitirles el uso de estos dispositivos. Con seguridad, algunos de ellos querrán tener su propia oficina pequeña al querer imitar a los adultos en su forma trabajar. En este sentido existen empresas que ofrecen computadores que pueden satisfacer los requisitos de los niños, en su búsqueda de comportarse como todos unos profesionales en el trabajo. Todo depende de sus necesidades y de sus posibilidades de compra. No subestime, además la posibilidad de conectar el deseo del niño con otro tipo de juguetes con la que pueda distraerse, aprender y desarrollar su creatividad.

Finalmente, no permita que cualquier dispositivo móvil se convierta para ellos en un premio, por más que éste sea atractivo.

Por otro lado, una forma de hacer que el niño tenga un buen uso del dispositivo ese demostrándole con el ejemplo. Es fundamental que usted no revise mensajes en el momento de comer con la familia o que concentre su atención en la persona que le está hablando.

En el adolescente las dificultades suelen ser otras, por lo que es necesario negociar el uso del dispositivo ya que está en búsqueda y en desarrollo de su autonomía. No obstante, el ejemplo que usted pueda darle como padre en el uso va a influenciarlo de la misma manera. Su trabajo será mostrarse interesado por su desarrollo en este aspecto para que él pueda compartir con usted las inquietudes que tenga al respecto.

Adicionalmente, es importante que usted estimule en él la privacidad. Y en esto es importante decir que la edad de los 13 años es la apropiada para disponer de su propia red social, con todos los cuidados que debe tener. Procure seguir con su hijo unas recomendaciones para que elija de la mejor manera las amistades que tendrá dentro del mismo, para evitar situaciones de ciber-bullying o de tráfico de mejores.

### Las oportunidades, riesgos y normas de uso de las tecnologías deben compartirse con los menores

Usted debe ponerse al día en el conocimiento de las oportunidades, riesgos y normas de uso de los dispositivos móviles al compartirse con los menores. La mejor forma de hacerlo es que usted se asesore de los docentes de la escuela donde va su hijo, para entender cómo funciona ese entorno y las mejores experiencias digitales que puede encontrar para compartirlo.

### *Los dispositivos deben situarse en espacios comunes y su uso se recomienda que sea compartido con los adultos*

Este aprendizaje es fundamental en los niños, pues dispondrá en ellos una disciplina frente al uso del dispositivo. Usted debe plantear con ellos cuales serán esos espacios comunes en lo relacionado con el lugar y con el momento. Es decir, uno de los lugares donde no debe usarse es por ejemplo es, en el momento de comer en familia.

### *El tiempo de conexión con los dispositivos se debe compartir con el tiempo de no conexión*

Es importante establecer un equilibrio entre el tiempo de conexión que le sea permitido y el tiempo que debe estar desconectado. Un desequilibrio en el uso puede generar dependencia, o puede generar en el niño un deseo incontrolable de hacer lo que se le tiene restringido o prohibido.

### *Estar al día de la evolución tecnológica le facilitará acompañar a los niños y adolescentes en su incorporación*

Lo mencioné un poco más arriba, pero es importante reiterarlo. Es fundamental que usted pueda ponerse al día con el conocimiento sobre tecnología para que pueda aplicarlo de la forma correcta con sus hijos. Existen instituciones privadas y públicas en las ciudades que les permiten a los padres aprender recursos para hacer uso adecuado de dispositivos tecnológicos con los hijos.

Esto es importante, pues el niño y el adolescente podrán, de manera equilibrada estar dispuestos a compartir con usted estos avances y evitarán navegar en lugares donde no debe.

### *Sea un ejemplo del uso responsable de internet*

Si usted es una persona que ya ha sido alfabetizada digitalmente, es probable que tenga claridades sobre el uso responsable de internet. No obstante, no pierda de vista que sus hijos también realizan seguimiento a lo que usted hace al respecto y al tiempo que dedica en él, suelen ser muy buenos imitadores.

La responsabilidad también es que usted navegue por internet de manera segura, en caso de que por alguna razón usted deba ingresar a una página que su hijo no debe ver. Emplee las herramientas de navegación incógnita y sea cuidadoso con el historial de navegación y búsqueda que usted emplea, en especial si ambos usan el mismo dispositivo móvil.

### *Permanezca atento ante cualquier situación que pueda ser síntoma de adicción*

Para esto es fundamental que usted cuente con el acompañamiento de docentes, amigos y compañeros de su hijo. También depende de cuánto usted conozca a su hijo para identificar si su comportamiento empieza a cambiar de manera repentina o progresiva.

### *Valore la comunicación frente a frente*

Generalmente, los niños pequeños tienen la facilidad de aprender a través de la comunicación bilateral. Al ejercitarse la práctica de hablar con reciprocidad genera un buen desarrollo del lenguaje en ellos. Las conversaciones deben hacerse siempre frente a frente, si es sumamente necesario debe hacerse por chat. Se ha demostrado que la comunicación bilateral mejora las destrezas del lenguaje mucho más que el que logra escuchar de forma pasiva o la interacción se vuelve unilateral por la pantalla.

### *Procure que la tecnología no sea un chupete emocional*

Es probable que los dispositivos digitales puedan ser muy eficaces para generar que los niños aprendan a sostener momentos de calma y de silencio, pero no debe ser la única forma para aprender a hacerlo. Es fundamental enseñarles cómo identificar y controlar aquellas emociones que son fuertes, cómo generarles espacio y actividades para controlar el aburrimiento, y cómo calmarse usando diversas técnicas de respiración que les permita hablar para solucionar los problemas. Finalmente, es importante ayudarles a encontrar las estrategias que les ayuden a canalizar las emociones.

## No olvide que los niños son niños

Ellos cometerán errores al hacer uso de los dispositivos digitales. Procure lidiar con estos errores de manera empática y permita que el error se convierta en una lección aprendida tanto para usted como para el niño. Algunas situaciones complejas como el envío de contenido erótico o el envío de imágenes haciéndose daño a sí mismo debe ser una señal de alerta que le permitan evidenciar problemáticas que se van a presentar en el futuro. Cómo padres es fundamental que se dispongan a tener una mirada más atenta a los comportamientos del niño y acercarse al profesional que les permita solucionar los problemas que de allí se deriven.

### *Procure que el tiempo en pantalla sea una actividad en compañía*

Esto permitirá que se estrechan los lazos. En ese sentido, procure jugar videojuegos con sus niños, es una buena manera de mostrarles que usted tiene un buen espíritu deportivo y que está interesado en las normas del juego. Por otro lado, ver un programa con ellos le permitirá la oportunidad de compartir sus propias expectativas y perspectivas de lo que observa y en este entorno podría aprovechar para darles consejos. No busque limitarse solo a supervisar el tiempo que pasan navegando por internet porque esto podría ser molesto para ellos y los aislará de la interacción con usted.

# Conclusión

El uso de las tecnologías de información y comunicación (TIC), ha recaído con fuerza en los preadolescentes y adolescentes en los últimos años. Son ellos quienes tienen un contacto mayor con estas tecnologías, con lo cual se hace necesario invitar al círculo familiar y estudiantil para estar atentos en cómo se está llevando la educación en el hogar y en la escuela. En este sentido, es urgente que, por ejemplo, los padres deban estar un paso adelante en el manejo de la tecnología para poder orientar a sus hijos.

Si usted es padre de familia, tiene esta guía a mano, para que pueda continuar con el seguimiento a la conducta de sus hijos, además de estar acompañado por un terapeuta que también estará realizando su propio seguimiento.

El propósito, tanto en familias con hijos pequeños, preadolescentes y adolescentes, como las familias que están conformados por parejas es el de reconocer la problemática y luego emplear una orientación a los hijos o pareja que padecen de esta adicción, para ayudarles a tener un uso adecuado y funcional a las herramientas que proveen los smartphones y las redes sociales.

Pasará, contrario al escenario que estoy planteando, que muchos padres no están familiarizados con las TIC. Lo que debe suceder, es que los niños, adolescentes y preadolescentes puedan compartir con sus padres, actualizándolos de lo que hay de nuevo para ellos en el campo de los smartphones y el uso de redes sociales, para que, con el tiempo, los padres puedan aconsejar a sus hijos en este escenario.

Es necesario también que se desarrollen programas educativos que cubran desde las edades tempranas hasta las adultas y que apuesten por un uso racional y adecuado de los smartphones y las redes sociales.

Es importante adicionar, la necesidad de que en general, se comprenda que los niños, preadolescentes y adolescentes hacen parte de una comunidad nativa digital, que este trastorno seguirá un curso frecuente en la cotidianidad social y que tendrán que reinventarse constantemente en la elaboración de herramientas que les permitan a todos hacer usos de las TIC, en especial de los smartphones y las redes sociales de manera consciente y educada.

Finalmente, quiero exponer, que experiencias como la que tienen una de las escuelas Waldorf en California ha tenido especial cabida en los padres cuyos hijos se encuentran estudiando allí.

En este escenario se decidió privar a los estudiantes de computadores y otras herramientas TIC en sus estudiantes para centrarse en el aprendizaje de las relaciones humanas, el arte y la actividad física, de esta forma, muchos niños han logrado estar lejos de relacionarse con la nomofobia.

De la mano de ese libro guía, y el acompañamiento de otras instancias institucionales, será posible que tanto niños, como adolescentes y adultos, logren dar pasos importantes en la superación de la nomofobia.

Ahora que has terminado la lectura te invito a ir a la página donde has comprado este libro y dejar una calificación y comentario que ayude a otros a elaborar su criterio de compra.